내 꿈 글 꽃 피우리

내 꿈 글 꽃 피우리

2025년 6월 30일 제 1판 인쇄 발행

지 은 이 | 정예은
펴 낸 이 | 박종래
펴 낸 곳 | 도서출판 명성서림

등록번호 | 301-2014-013
주   소 | 04625 서울시 중구 필동로 6(2층·3층)
대표전화 | 02)2277-2800
팩   스 | 02)2277-8945
이 메 일 | msprint8944@naver.com

값 15,000원
ISBN 979-11-7439-002-8

| 이책은 예술인지원금으로 출간하였습니다 |

※ 잘못 만들어진 책은 바꿔드립니다.
　이 책 내용의 일부 또는 전부를 재사용하려면
　반드시 저작권자의 동의를 얻어야 합니다

내 꿈 글 꽃 피우리

정예은 제 2시집

도서출판 명성서림

작가의 말

어린 시절부터 문학을 사랑하고 문학과 함께 성장하고 자란 소녀가 이젠 성인이 되어 독자들 앞에 세상에 드러냅니다.
지금 그 소녀의 이야기를 하고자 합니다.
세상에 아름다움을 꽃처럼 피워내어 향기를 날리고자 하는 것이 저에게 꿈이며 희망입니다.
습작을 통하여 작품을 인정받고 세상 곳곳에 널리 알려 향기로운 우편이 되고자 최선을 다할 것입니다.
더불어, 선한 영향력을 끼치고 긍정적인 메시지를 전하는 힐링 에세이 작가가 되는 것이 저의 목표입니다.
부족하지만 여러분과 함께 단 한 줄이라도 공감이 갔으면 하는 작은 바람을 가져봅니다.
감사합니다.

축하인사글

김상희 시인, 수필가

정예은 작가님은 이전 시집에서 보여준 깊은 내면의 울림과 아름다운 언어로 많은 이들의 마음을 울렸습니다. 이번에도 그 감동과 울림이 가득할 것이라 기대됩니다.
시인으로서의 여정에서 쉽지 않은 고민과 시련도 있었겠지만, 그런데도 꾸준히 자신의 목소리를 내어주신 정예은 작가님의 용기와 열정에 감사드립니다.
이번 두 번째 시집이 또 한 번 시단의 큰 별이 되어 많은 이들에게 감동과 위안을 선사할 것이라 믿습니다.
정예은 작가님, 진심으로 축하합니다. 앞으로도 건강하시고 더욱 아름다운 작품들 선보이기를 기원합니다.

사) 한국문인협회 홍보위원 홍추 김상희

축하인사글

이경훈 시인, 수필가

처음 작가라는 목표를 향하여 달려가려고 시작할 때쯤 정예은 작가님을 알게되었고 또한 추천해주신 신정문학을 통해 작가로 등단하게 되었습니다.

전에 보내주셨던 '이제는 행복해져야할 시간입니다.' 시집을 읽으며 앞으로 어떻게 시를 써내려가면 좋을까하는 기준을 세우게 되었었는데 이번에 '내 꿈 글 꽃 피우리'를 출간하신다고 전해들었는데 기대되는 마음과 고생에 대한 위로와 축하의 말을 전합니다. 앞으로도 아름다운 언어를 전해주시는 정예은 작가님의 행보를 기대하겠습니다.

축하인사글

신호철 시인

정예은 작가의 「내 꿈 글 꽃 피우리」
두 번째 시집을 축하하며..

이제는 행복해져야 할 시간이라 말하는 정예은 작가가 또 하나의 행복의 글 집을 완성하고 독자들과 작은 행복의 시간을 나누고자 기다립니다. 꾸준히 글을 쓰고 시를 쓰는 일은 본인 손으로 글밭을 가꾸고 피워낸 꽃을 통해 자신의 삶을 담아내는 일입니다. 정예은 시인은 시인이 행복을 꿈꾸고 바라는 사람으로 성장하고 싶은 꿈을 꾸는 사람입니다. 글을 통해 다른 이의 아픔에 위안을 주며 행복의 온기를 나눠주는 따듯한 마음을 나누어 주는 시인입니다. 마음을 꾹꾹 담아 쓴 진실한 글은 읽는 이가 감동이 되며 위로를 받을 수 있습니다.
시인은 남들과 다르게 더 느긋하고 세밀한 감성으로 세상을 더 예쁘게 볼 수 있는 마음의 눈을 가진 사람입니다. 그러기에 1집 이제는 행복해져야 할 시간입니다. 에

이어 두 번째 시집을 빚어 세상에 내어놓는 일은 참으로 의미 있고 가치 있는 일이라 할 수 있습니다.
"아직 작고 여린 아이지만 소중한 시간이 지나면 어느새 내 마음속에 예쁜 꽃이 아름답게 피어났으면 좋겠다" 말하는 예은작가의 앞날에 예쁜 꽃을 피울 수 있기를 바랍니다. 또한 이 시집을 읽는 독자들에게 행복의 씨앗이 전이되고 더 크게 자라길 바랍니다. 책을 읽는 모든 이와 이제 다 함께 행복해져야 할 시간입니다. 책을 읽는 독자들에게 더 많은 사랑을 받는 시인이 되길 바랍니다.

- 둥구나무 신호철 시인 -

축하인사글

(시소년) 박정우 수필가, 가수

달빛을 머금은 바람처럼 하루를 위로하길

정예은 작가님, 두 번째 시집 출간을 축하드립니다.
자연과 일상이 어울려 지친 생애를 위로하는 작가님의 시가 부쩍 거센 도시의 풍파를 지혜롭게 헤쳐 나갈 수 있도록 독자분들에게 용기를 북돋아 주기를 바랍니다.
작가님의 시에서 우리 현대인들은 해가 되기도, 달이 되기도 하염없이 나아가는 바람이 되기도 합니다. 사계절이 각자의 역할을 다하듯이 작품 속에서는 우리도 누군가에게 위로가 되는 표현이 되고는 합니다.
꽃은 그저 꽃일 때보다 은은한 향기가 그윽히 퍼지고, 잔잔한 여운으로 물들어져 갈 때 비로소 아름다움이 됩니다. 어쩌면 작가님의 *끄적임*은 세상 빛나는 것들에게 이름을 붙여주는 일이 아닌가 싶습니다.

두 눈을 감고 뒤돌아 누워도 잠들지 못할 때, 어깨맡에 두고 새벽을 곱씹으며 내일을 도모하는 한 줄 한 줄이 되기를 바라겠습니다.

1

19 / 가을
20 / 가을 2
21 / 가을바람
22 / 감사
23 / 고독에 익숙하라
26 / 고백
27 / 고운 그대 사랑
28 / 괜찮아 다 잘될 거야
29 / 귀뚜라미
30 / 그대 그리운 밤
31 / 그대라는 별
32 / 그대에게
33 / 그대에게 전하고픈 말
34 / 그대여서 좋다
35 / 그대의 향수
36 / 그대의 향기
38 / 그리운 별
39 / 그리움
40 / 기억

2

꽃은 / 43
기억되고 싶은 사람 / 44
꽃이 피는 그날까지 / 46
꽃피우리라 / 47
꿈을 향해서 / 48
꿈의 비상 / 49
나의 꿈 / 50
나의 하루 / 51
내가 생각하는 행복 / 52
너는 예쁜 꽃 / 53
너는 지금도 잘하고 있어 / 54
노을 속의 그대 / 55
눈사람 / 56
느림보 달팽이 / 58
늦은 밤에 / 59
다시 걷자 / 60
다시 시작하리 / 61
당신이라는 필연 / 62
당신 / 64

3

67 / 들꽃

68 / 들꽃 마음

69 / 떨어진 꽃잎

70 / 라일락 꽃

71 / 마음 꽃

72 / 모두에게 전하는 위로

74 / 모두와 함께 걸어왔습니다

75 / 무지갯빛이 되어

76 / 바다 같은 당신에게

77 / 바램

78 / 밤에 그리는 꿈의 바다

79 / 벚꽃 속에 추억

80 / 별

82 / 별빛

84 / 별처럼

85 / 봄날 밤길 그대와 걷고 싶다

86 / 비는 내려도 무지개

87 / 빈자리가 넓은 만큼

88 / 빗소리

4

사계절 생각나는 사람 / 91
사랑의 등불 / 92
사랑하기 때문에 / 93
사랑하는 그대여 / 94
살아보지요 / 95
새로워질 수 있다면 / 96
서로가 나무,꽃 / 97
선물 / 98
성장 / 99
세레나데 밤 별 / 100
세상에 단 한 사람 / 101
소나무 / 102
소망 / 103
어느 날 / 104
어느 여름날 / 105
열매 맺으며 사는 삶 / 106
올바른 동행은 무엇일까 / 107
용기 / 108
우리의 시절 / 109

5

113 / 이제 꽃 피려 한다
114 / 잠이 오지 않는 밤
115 / 조선의 등불 감탄사
116 / 지금도 잘하고 있어요
117 / 지난날 문득
118 / 찬란했던 우리의 아름다운 시간
119 / 추억 속에
120 / 추억 속에 너의 자리
121 / 추억 속에 소망
122 / 추억의 피자
123 / 태양
124 / 추운 겨울 하얀 눈이 내리면
126 / 하늘을 보며
127 / 한 마음을 담아 바람으로
128 / 핫초코
129 / 행복한 하루
130 / 행운의 클로버를 모두에게
131 / 희망 꿈
132 / 힘든 너에게

134 / 서평 "내 꿈 글 꽃 피우리"를 읽고 나서

1

가을

추색이 오는 것을 말하듯
울긋불긋 단풍나무도
고운 색으로 물들어 가고

거리마다 우수수 낙엽이
떨어져 쌓이다 보면
이 가을이 계절 문턱을 지나

하얀 꽃송이 속을 오가며
계절은 마음을 훌훌 털어서
자연과 함께 변화되어 가겠지

가을 2

가을이 오는 것을 알려주듯이
울긋불긋 단풍나무에는
고운 색으로 물들면

거리에는 우수수 낙엽이
떨어져 쌓이고
또 이 가을이 지나

하얀 눈꽃 송이 내리는
겨울과 함께
자연이 그렇게 변화되어 가네.

가을바람

그대라는 바람이 불어오고
여전히 내 마음속에 메아리처럼
그대의 잔향들이 울려 퍼져
매일 같이 떠올리며 산다

그대 내게로 와 사랑을 말해주고
내 꿈으로 날아와서 날 안아주면
그대가 다시 한번 바람이 되어
잠시 내 곁에 머물다가

홀연히 떠나가 버린 그대지만
높고 먼 우주 안에 잊히지 않아도
언젠가는 그대 맘속
내 마음이 가득할 것이오.

감사

선한 바람이 불어
밝게 켜진 가로등 불빛을
나도 따라가 본다

바람과 비스듬히
들어오는 달빛 아래
그대가 서 있다

나지막한 목소리
꼭 안아주는 그대 품에서
난 위로를 받는다

고단했던 내 하루
찬란한 별빛으로 반짝이는
그대가 너무나 감사하다.

고독에 익숙하라

사는 게 고단하고 힘이 들수록 사람들은 고독하다고 말을 많이 한다
지나친 고독감은 사람을 무기력하게 하고 나태해지고 우울해지게 만드는 거 같다
세상에 자신만 혼자인 느낌 주위의 내 편이 아무도 없단 느낌 혼자서 모든 걸 감당하고 이겨내야 할 일이 너무 많다고 느껴질 때 고독의 실감이 크게 와닿는 순간일 것이다
내가 지금 그만큼 고독 순간에 놓여 있는 거 같다
주위에 이렇게 많은 사람이 나에게 존재하여도 걷잡을 수 없이 나에겐 고독이 밀려오는 것이다
어쩌면 고독은 주위에 사람이 더 가까이 존재할 때 더 절실하게 다가오는 것이다
수많은 군중속의고독 우리가 오늘을 하나같이 느끼며 살아가는 그 감정인 것이다
하지만 외로움 그 기분에서만 깊게 빠져들어 가다 보면 고독의 늪에서 헤어 나오기는 점점 힘이 든다
처음에는 단지 쓸쓸하고 외롭게만 느끼고 살았었는데시간 흐르고 세월이 흘러갈수록 고독에서 지속적으로 허우적대는 고난과 역경에서 빠져나오지 못하는 상황이 온다

고독의 깊이가 심해질 때면 내 감정에 홀로 막연해지고 주위의 관심도 주위 사람들에게 죄스러움으로 느껴지기까지 한다

어떤 위로도 오직 나에겐 주위에 대한 죄책감으로 왜곡되는 것이다

고독이 나에게 찾아올 때면 그것을 이겨내려고 나는 큰 노력을 하곤 했다

주위의 사람들도 동일했을 것이다

고독이 찾아올 때면 주위 사람들은 주위의 친구들을 많이 만나거나 더 밝게 지내거나 더 많은 일을 하여서 다른 생각에 빠져드는 것이다

하지만 이렇게 고독을 이겨내다 보면 몸과 마음은 더 지치고 힘들고 마음의 상처는 더 깊어져서 오히려 주위의 일상이 더 고단하고 지치게만 될 것이다

나 또한 그러하였다

고독을 두려워하지 않고 고독을 이겨내고자 떨치고자 한다

그래서 나는 이제 고독이 나에게 찾아올 때면 그 고독을 받아들이고 그 고독에 익숙해지며 고독에 적응하면서 살아가는 법을 택하게 된다

고독하다고 막연해하고 우울해하고 감정에만 치우치고 기울일 게 아니라 나 자신을 천천히 들여다보는 것이다 고독하다는 것은 비로소 아직 나에게도 삶의 의욕이 있다는 것이고 삶의 의욕이 나에게 있다는 건 아직 나에게 희망이 남아있고 존재한다는 것이다.

고백

난 사랑에 빠져있어도
내 감정에 적극적이지 못합니다

망설이면서 서툴게
용기를 내봅니다

그대를 사랑합니다
이렇게 속삭이듯

용기 내어 오늘은
고백합니다.

고운 그대 사랑

그대를 생각하며
밤을 지새웠다

볼수록 정겹고
포근하고 감미로운

참 이쁘고 고운
사랑 그대다.

괜찮아 다 잘될 거야

괜찮아 잠시 괴로울 뿐이야
금방 스쳐 지나갈 거야
이 어둠이 지나면

날 밝고 환하게 비춰줄 거야
조금만 더 참고 기운을 내
충분히 잘하고 있어

하루하루 멋진 내일을 향해
다시 한 걸음씩 내딛고
힘차게 달려가 보자

귀뚜라미

귀뚤귀뚤
귀뚜라미가 울어댄다
내 마음도 이렇게 울어댔을까

감나무 아래 벤치에 앉아
자연의 아름다움을 바라보며
귀뚜라미 울음소리에 귀를 쫑긋 세운다.

그대 그리운 밤

차가운 밤공기
서늘한 바람이 불어와도

날씨는 추워도 마음의
온도는 따뜻하구나

온열 같은 보금자리
세상 둘도 없는 행복이네!

그대라는 별

내 마음의 별
반짝이는 그대가 있어

내 삶은
아름답게 반짝거린다

환하게 비춰준
고마운 그대의 별

그대에게

해 질 무렵 그대에게 편지를 쓴다
그대는 잘 지내는가요
아프진 않은지

밥은 잘 챙겨 먹는지
사소한 걱정을 하는 그대가 있으니
하루를 살아가지요.

그대에게 전하고픈 말

내려놓은
그대의 마음
불어오는 바람이 참 이쁘다

해 맑게 웃는
그대 눈부심
맑은 물이 흐른다

텅 빈 마음
선한 마음
그대는 아름다우니까

그대여서 좋다

숨 쉬는 것만으로도
같이 걷는 것만으로도

그대와의 시간이
내 마음 한편에

소중한 추억들로
아름답게 물들고 있다

그대의 향수

어느 지나는 길에
밝아진 그대의 얼굴 보니
반가워서 좋았어

아직 향기가 머물러
마음 바꿀 수도 잊을 수도 없어
함께 걷던 호수 길을 걷지만

그 모습들이 날 힘들게 해
열병 같은 사랑도 한 시절 꿈이려나
이별이 깊어져 갈수록

돌이킬 순 없다고 끄덕이면서도
가끔 눈시울 붉어지는 게
사랑이었나 봐

이젠 볼 수 없는 그대가 아른거려
기억을 돌이켜보니 수많은 추억이
날개 펼치고 날아드네.

그대의 향기

일렁이는 촛불 너머로
아름다운 그대의 고운 미소가
내 마음에 또렷하게 들려온다

그대 향기 그 안에서
그대가 전하는 봄날 맹세는
처음과 끝을 함께 하자던

날 향한 그대의 속삭임이
그대와의 추억은 내 마음속
눈물이 되어 내리고 있다

내게는 그대 없는 시간이
아무 의미조차 없고
내 심장 안에 그대 빈자리뿐

주홍빛 자욱이 이곳에서
그대와 함께 소풍 가는 날
일곱 색깔 무지개가 되고 싶다

내가 존재하고 있기에
그대가 더욱 생각나는
그리운 그대를 떠올리며.

그리운 별

밤하늘의 별만
바라다보던 때가 있었다

그러던 어느 날
나에게 고운 빛으로

어둠을 비춰줄
그대와 손을 잡았다

내 인생도
무지갯빛으로 물든다.

그리움

오늘따라 그대가
유난히 보고파서

사라질 기억
연기처럼 지워버려

그대 향한 그리움
저 먼 옛 추억

기억

연기처럼 사라지고
지워버린 기억

지워도 지워지지 않아
유난히 보고파

가슴에 쌓인 그리움이
손가락 마디에 달렸네!

2

꽃은

두려운 마음을 딛고
환한 미소로 그대란
꽃을 피운다

마음의 꽃이
가슴마다 힘을 얻고
사랑스럽게 피어오른다

기억되고 싶은 사람

세상 누구든 힘들고
삶에 짐이 있다면
그 짐은 나눠줘야 한다

버거워하지 않는 인생
작은 것조차도 행복해하는
삶이 되어야 한다

힘들어도
자신에 주어진 일이라
모든 것을 동행하며

사랑을 가슴으로 품고
눈빛과 마음으로 읽어주고
기다릴 줄 아는 사람으로

슬픔도 끌어안으며
기쁨도 가슴에 담아
행복의 길을 걷는다

화자의 뜻대로
사람들에게 기억나는 이름으로
책 한 페이지에 기록하고 싶다.

꽃이 피는 그날까지

텅 빈 마음
꽃이 피는 그날까지

너와 나란히 마주 보며
꽃길을 걷고 싶다

손끝에 맺힌 눈물
화사하고 이쁜 마음

꼬마 요정처럼
꽃 속에 가득 비춰줘.

꽃피우리라

이리 부딪히고
저리 부딪히다가
작은 돌멩이처럼 구를지라도

너도 나처럼
활짝 핀 꽃에서
향기를 품어내는 꽃에

사뿐히 내려앉아
오랫동안 삼켜둔 마음을 열어
어여쁜 꽃으로 피리라.

꿈을 향해서

미래를 바라보고
가는 아이처럼
한 걸음 한 걸음
빛나는 꿈을 안고
따라간다

저 가슴속 깊이
쌓인 용길 믿고
두려운 어둠도
서로의 손을 잡고
또 헤쳐간다.

꿈의 비상

이 가슴 속에 꿈
미지의 세상 향해
잠든 열정이 깨우리라

새벽이슬 머금은 꽃밭
꽃향기 따라 나비처럼
날개를 활짝 펼치리라

뜬구름 그리는 하늘에
내 삶의 중심 찾아
흩어진 별들을 부르며

희망 씨앗 품은 채
끝없는 지평선 넘어
새 터전 찾아 떠나가리.

나의 꿈

저 광대한 우주처럼
찬란한 태양 빛 햇살이
나에게 쏘아주며 힘을 모아 준다

산과 들에 야생 꽃이
한 박 피어 나를 반겨주고
살랑살랑 솔바람도 불어온다

산골짜기에 용솟음치는 샘물처럼
나뭇잎 새들도 초록빛으로
진한 향으로 피어난다.

나의 하루

지친 내 하루 속에
반복되는 일상들이
이렇게 흘러가고

계절이 지나가듯
흘러가는 시간에
나도 이렇게 따라간다

조금 힘들어도
오늘도 하루는 말없이
묵묵히 걸어간다.

내가 생각하는 행복

포기는
더 이상 할 수 없다
멈추는 것과
내려놓음
비로소 참된 진실을 깨닫는다

비우는 마음
때론 포기할 줄도 알아야 하고
내려놓으니 편하다

삶과의 진실
함께 느끼는 희로애락

그 기쁨과
슬픔과 고독
인생의 모든 순간은

우리네 아름다운 미의
추억이다.

너는 예쁜 꽃

우리 조금만 쉬었다 가지 않을래
나의 손을 잡고 함께 걸어가지 않겠니
너와 함께 걷던 이 길이 너무 좋아

길가에
예쁜 꽃도 많이 피어있어
걷다 보면 더 예쁜 꽃들도 있겠지

너란 꽃이 피어있어
세상 짙은 향기들로 가득하는 걸 보면
어여쁜 그대여 고맙구나!

너는 지금도 잘하고 있어

아프고 흔들리고 무너져도 괜찮아
그 모습조차도 잘 되어가는 중이며
인생의 선 위에 놓여 있는 과정이니까

노을 속의 그대

해가 지는 노을을 보면
문득 그대 생각에
맑은 눈빛으로 이야기한다

파도에 날리는 바람이
가는 길을 따라서
시간 속에 갇힌 노래를 부른다

그대는 밤하늘 별을 세며
혼자 있는 시간을 잘라내서
아득히 먼 꿈들을 그린다

이 시간이 지나면
다시 볼 수 있는 것처럼 낫고
또 하루가 차오르면

밤하늘 아래서 꽉 잡은
이 두 손과 약속하듯
나를 더욱 강하게 만들 것이다

눈사람

시린 가로등 아래 지친 듯
누구를 기다리는지

생각 속 울타리에 갇힌 영혼은
눈 비비며 서 있는 눈사람

취한 듯 비틀거리는데
해 말간 미소 짓는 너는

겨울 나라 왕궁에서
행복을 꿈꾸며

순결한 마음으로
바람에 날리는 왕자인가

사라져가는 모습에
애처롭기도 하련만

처마 끝에 투명한 울음으로
매달려 있구나

남은 사명이라도 있는 듯
마음 밭 거미줄 같은

부유물들을 눈물로
거둬 가는구나!

느림보 달팽이

하늘에서 보슬보슬 빗임이 내려요
나는 비 오는 날을 제일 좋아하지요

미끄럼틀 타기를 좋아하지만
꼭대기까지 오르기가 힘들어요

빗방울과 친구가 되어
영차영차 올라가지만
가도 가도 끝이 안 보이거든요

해님이 방긋방긋 웃으려 하니
마음은 다급히 달려 나가거든요.

엉금엉금 걷는 내 이름은
깜찍한 느림보 달팽이랍니다.

늦은 밤에

이 밤 지새우고
잠이 오지 않아도
오늘 밤이 그립다

그리운 할머니
당신 생각에
밤 길이 멀기만 하네.

다시 걷자

이겨내야지
꿋꿋이 버틸 거야
지금이 힘들더라도

일어나는 거야
이 순간만 잘 넘기면
좋은 일이 있겠지

다시 시작하리

세상이 멈춘 것 같아도
시간은 계속 나아가고
난 그 물결에 맞서보려 한다

저 너머 꽃이 피면
그 향기를 느끼며
따스한 바람 위 날아보련다

새봄을 다시 맞이할 때
웃음으로 마주 서도록
나 다시 시작하리라.

당신이라는 필연

머무는 시선 끝에
당신의 왼쪽 자릴 원하곤 할 때

잠들지 못할 밤을 기다리고
시간이 오고 감을

항상 같은 자리에
숨겨지지 않는 마음으로

그대를 기다리고 있는 날
마주하지 못한 날들도

하루하루가 소중했다고
한 걸음씩 다가서고 있다

옅게 남기고 간 발자국 위로
내 걸음을 겹치는 순간마저

행복한 나를 뒤돌아보며
우리라는 영원을 말한다

내게는 항상 필연이었고
날 스스로 글 쓰게 한다는 걸

다가올 모든 계절 틈에
당신이 내겐 항상 사랑이었다.

당신

내 심장이 미칠 것 같아
결국 당신을 외쳤다

내 눈앞에 당신을 안으니
세상이 따뜻하고

당신을 향한 떨림은
포근하기만 하다.

3

들꽃

눈부신 어느 오후 그대 모습 비칠까
바람이 세차게 불어올지라도

이름 모를 꽃 하나 아무도
봐주는 이 없어도 비웃지 말자

비바람 몰아치고 차갑도록
서리가 내려도 예쁜 얼굴로 웃자

산 넘어 해가 저물면
달빛 속삭이듯이 예쁜 꽃 피워야지!

들꽃 마음

봄부터 피고 지는
들꽃이여

네 향기가
내게도 있었으면 좋을 텐데

메마른 세상
하늘은 비를 뿌리고

마음 향기는
꽃비로 내려앉아

세상 곳곳에
꽃비로 흠뻑 젖혀 주리라.

떨어진 꽃잎

오래되어 말라비틀어진
꽃잎이 한 잎씩 떨어진다

떨어진 꽃잎이 지니고 있는 향기는
은은하고 그윽한 정을 목말라

시들어 떨어진 꽃잎의 뿌리가
진하게 물들어 가고 있다.

라일락 꽃

라일락 희망의 꽃으로 피어
향기롭게 날리면

소녀처럼 향기에 취해
떠날 줄 모르고

꽃잎 떨어질 때까지
여운은 깊었네

동심 잊기 어려운
그날에 향연

스치는 꽃향기
잊을 수 없어 가슴이 차오른다.

마음 꽃

은은한 향기가
그윽하게 퍼지면

어여쁜 꽃이 되어
아름다워지고

잔잔한 여운으로
물들어 간다.

모두에게 전하는 위로

잘하고 있는 거예요
질문은 끝없이 이어지고
이 길이 맞는 걸까 생각합니다

생각은 자신을 지치게 하고
마음속은 장마인데
울 힘조차 없을 때도 있지요

조금 더 버티려 했지만
버틸 힘이 없을 때도 있겠지요
하지만 잃어버렸던 자신의 자유를 찾아서
행복을 향해 자신이 버티는 거예요

현실적인 조언보다 가만히 지켜보아 주는 것
힘내라는 말보다 묵묵히 응원해 주고
잠시만 쉬어가면
금방 괜찮아질 거예요

빛도 어둠도 모두
모든 걸 내려놓고 바라보아요

아침이 올 때까지 쉬어가요
봄, 여름, 가을, 겨울,

모든 사계절을 사랑하며
앞으로 나아가는 거예요

시간이 우리에겐 영양제가 되고
큰 보약이 될 테니까요.

춥던 겨울이 지나고 다시 봄이 찾아들면
그 시린 손과 발은 따뜻해질 것입니다.

모두와 함께 걸어왔습니다

지난 모든 날 함께 했었던 힘들었던 날
기뻤던 날 행복했던 날 슬펐던 날도
저와 늘 함께 해줘서 고마웠습니다

서로 더불어 동행해 준 모든 시간이
저에게 아름다운 보석이 되어
제 가슴 한편에 선명하고 눈부신
보물이 되어 갑니다

모두가 함께 걸어온 이 길이
제 마음속에 등불이 되어 주고
제 마음을 환하게 비춰주어 감사합니다

이제는 한 줄기 희망이 되어 가고
하루하루 꿈으로 가득 채워
미래의 앞날을 향해 전진 하겠습니다.

무지갯빛이 되어

하늘은
아름다운 색을 지녔지만
왜 저리도 슬퍼 보이는지 몰라

어둠 속에 갇혀 빛을 잃은
너에게 고운 색깔을 따다가
무지개다리를 수놓아 주고 싶어.

바다 같은 당신에게

눈에 담긴 오색 불꽃놀이
얼굴을 물들이던
황홀함에 흠뻑 적시던 밤

모두인 거 같은 바다와
꼭 닮은 당신이 있는 곳에는
푸른 하늘이 있었습니다

그대 곁으로 향하는
낯선 발 간지럼 태우는 모래알
뜨거운 바다의 윤슬 바라보며

예쁘게 바라보는 눈빛은
용기 내는 바닷가 노을빛
그리운 당신과 오랜 추억으로

기적처럼 당신 곁에 닿으면
행복한 기억으로 떠난 것을
너그러운 바다처럼 안아 주세요

바램

두 눈을 감고
뒤돌아 누워도
잠들지 못하고

눈물만 나오고
후회만 남았던
그날들

움켜쥔 주먹
흐르는 눈물
옛 추억에 잠기고

비 오던 거리
어느새 멈춰
태양이 떠오른다.

밤에 그리는 꿈의 바다

바닷속 심해 깊이
차가운 물이 목을 매 와도
사람들 말소리가 들려온다

해가 불타 없어지기 전에
미래 개척한 삶을 위해
어서 들어가자

저 바다 깊숙이
저 별이 날 비추기 전
저 안개 속에 꼭꼭 숨어보자

날 찾아낼 것만 같은
매서운 바람이 나를 찾더라도
날 찾지 않게 숨어야겠다

마음은 텅 빈 그릇되어
물 온도는 차갑도록 시리고
그릇들은 자리를 찾기 위한 전쟁이다.

벚꽃 속에 추억

창밖의 벚꽃 눈꽃으로
시나브로 그대 꽃송이들과 춤추네

추억은 눈 감아도 또렷해지고
꽃향기 메아리는 봄 선율이다

잔잔한 물결 파도 일어
흰 눈꽃과 추억 어울림이 아름답다

별

밤하늘 수놓은 별보다
그대가 아름다운 이유는

별처럼 아름답게 빛나고
별들을 닮아 그러하겠지!

하늘 보며 얼굴 떠올려
오늘 웃을 수 있음에 감사해

아름다운 별들 함께 본다면
나도 행복한 마음일 거야

얼굴이 그리워지면
하늘을 바라보게 되는데

별빛 닮은 그대의 모습
밤하늘 별을 세며 떠올리고

반짝거리는 별처럼 우리는
무척 어울리는 환상의 인연이야

누구보다 그대를 사랑해
이대로 내 곁에 있어 줘

별빛

밤하늘이 그리워지는 날
밤길 환하게 비춰 추는 별
가슴 가득 별빛이 채우고

오랫동안 잊고 있었던
내 안의 조그만 별들이
소중히 간직했던 날

지켜주고 싶은 마음
가득한 걸 잠자리에 들 시간
아름다운 꿈 열어 가는 세상

별은 웃음꽃 피고
밝은 별빛 가까이 밝혀주며
동그랗게 웃고만 있네

시간 지나도 잊히지 않는 그댈
두 눈에 가득 담아두고 싶어서
이 밤 다하도록 안아 주고 싶어

작은 불빛 없는 어둠
차가운 공기가 감싸는 것조차
그대 빛내주는 별 되어

따스하게 비추고 싶은 간절함
괴롭고 슬퍼 힘들어 보일 때
그대를 비추는 별이 되고 싶다

별처럼

저 하늘 별빛처럼 나도
반짝이며 빛나고 싶네!

어두운 밤하늘에 갇힌
이런저런 생각이 싫네

나도 다시 밝게 빛나서
저 별처럼 반짝이고 싶네!

봄날 밤길 그대와 걷고 싶다

깊은 봄마음에 찾아오고
숲속 나뭇가지 위 새 울음소리

늘 그대만 바라보며 가슴 깊이
나의 봄은 찾아오는구나

홀로는 공허하고 부드러운 그대 온기
꼭 끌어안고 싶은 봄날 밤에

애 닳아 급하고 서두르지 않으며
그대의 봄에 살고 싶어라.

비는 내려도 무지개

물방울이 창문 틈 사이로
열리지 않은 곳을 향해 빗 손질에
튀어 달려드는 비를 본다

뭣이 급한지 내리는 빗소리
발차기 투명하게 가라앉았던 앙금
흔들어 출렁이며 마음 적신다

새도 서글픈지 슬프게 울어
잠자던 슬픔이 아려오기 시작해
울음 속에서 일으켜 세워야 하지

어둠 속에서 이제 밝은 빛으로
적셔진 마음 끌어내고
무지개 웃음이 본연이기를….

빈자리가 넓은 만큼

세상 만남과 헤어지는 것은
순간 벼랑 끝에 서 있는 것과 같고
여운에 끈을 밀고 당기며

중심선 없이 난파되어 표류하는
배처럼 흔들거리고 있을 거지만
결국은 사랑도 거기까지였던 것

별로 소중하지 않았던 것일 뿐
힘든 노래 부르지만 진실만큼
보석은 절대 잃어버리지 않는 법

진실한 마음만 잊어보려고 애 닳아
그렇게라도 버티고 이겨내려 해
시간 지나면 아무것도 아닌 것처럼

빗소리

가슴 속 깊게 파고든
내 마음의 허공을 타고
솟구치는 그 빗소리

저벅저벅 걸어 다니는
가슴을 때리는 전율
나뭇가지에 흘러내린다

4

사계절 생각나는 사람

봄을 닮아 따뜻했고
여름 닮아 웃음 났으며
가을처럼 다정했었던

사계절 모든 시간
처음 같은 그대
겨울처럼 포근한 그대를

사랑의 등불

하나둘
켜지는 불빛을 따라
임의 향기를 찾아가는 노을

불어오는 바람에
움츠린 어깨가 내려앉기 전
보온의 노을이 되고 싶어라

웃음 주는 구름이 되어
지쳐 쓰러질지라도
태산의 든든한 바위가 되어

밝아오는 아침
따스한 햇살 향기로
웃을 수 있는 소박한 꿈을 꾼다.

사랑하기 때문에

사랑은
함께 걸어가는 거야
멀리 달아나지 않고

편안한 마음으로
묵묵히 걸어가는 거야
그댈 사랑하기 때문에

사랑하는 그대여

알고 싶어요
따스한 봄바람 같은 임이시여
처음 그곳을 기억하는지

이별하지 말자는
서로를 향한 사랑의 날갯짓이
윤슬 같지 않던가요

파도 소리 들으며
오직 한 사람만을 위한
세레나데를 불렀던 그날

눈부시도록 시린 하늘에
설렌 뜬구름이 두둥실 춤을 추며
부끄러운 햇살을 가려주곤 했지요

사랑하던 그 시절처럼
피아노 리듬 손놀림 따라가는
영원을 노래하기로 해요

살아보지요

고독을 느끼며 살아가지요
이젠 익숙해질 테니까

아픔과 추억들 안고 살아가지요
그만큼 더 성숙해질 테니까

언젠가 아무 일 없었다는 듯이
미소 지어 볼 테니까

그러니
온 힘을 다해 오늘도 살아보지요.

새로워질 수 있다면

바람아 애들아 나와 함께 하겠니
자유롭게 너와 같이 그렇게
마음껏 헤엄치듯 날개 달고 날아서
그렇게 어디든 후련히 다녀올 거야

달리고 뛰어 날아도 본다면
인생에 원하지 않아도 찾아와
네 가는 곳 어디든 동행해 주렴
경쾌해질 수 있다면 할 수 있겠지

시간 흐른 뒤 자연히 매듭들이
자리해 떠나지 않는 건 왜일까
큐빅처럼 남은 자국 떼어 버리고
싶어 멀리 다녀온다면 없어질까

절로 풀리어서 손뼉 치고 있을 거야
그러면 가뿐히 자리해 소리 내어서
웃으며 살아갈 테야 그럴 수 있지
새로운 사람 되어 살아갈 수 있어.

서로가 나무, 꽃

우리는 서로가
살아가는 이유다

우리는 서로가
나무이고 꽃이다

때론 편히 기대어 쉴 수 있는
의자할 수 있는 나무

나무와 떨어져 지낼 수 없는
늘 함께 머물러서 널 지켜주는 꽃

나무야 내가 있으니 걱정마렴
너는 나무 나는 꽃

언제나 널 지켜주고
영원히 함께 할게

선물

지난날의 시간이 있기에
예전의 나를 돌아볼 수 있는
지금을 마주할 수 있게 되고

지금의 나를 마주한 이 순간들이
진정한 나 자신을 알게 해주는
소중한 하루라는 선물을 받는다

성장

내 갈 길이
험난하고 또 외로운
싸움이라는 걸 알지만

수많은 실패가
날 강하게 더 단단하게
만들어 간다

내가 꿈꾸던
내일들이 더 가까워
지고 있다는 것을

수많은 아픔도
날 웃으며 또 일어서게
만들어 주겠지!

세레나데 밤 별

차가운 바람이 불던 날
어둠을 밝히는 가로등 불빛

달빛을 머금은 바람에
고단했던 하루를 잠재운다

나는 별이라
밤하늘에 일부가 되어서

그들과 세레나데
고운 별빛으로 반짝이런다.

세상에 단 한 사람

충실하게 살아가고 있는 지금
이 순간 소중한 시간이라지
지난날이 앞을 가린다 해도
아무렇지 않고 단단한 사람으로
호박처럼 그렇게 닮아 가야지

아프니까 청춘이냐
이제는 아프지 않은 성숙한 나야
보여도 들려도 반응하지 않아
나는 나일 수밖에 없으며
세상에 둘도 없는 단 한 사람

경험하면 할수록 자국 남으니
분별력 있는 지각으로서
열매 맺는 삶 실현 결심했어
순수에 중심 뿌리 깊은 심연
향기로운 사람으로 그렇게 말이야.

소나무

넓은 들녘 자리에
세월이 흘러도 변하지 않아
흔들림 없이 서 있는 소나무

거센 비바람 불고
눈보라가 휘날려도
타락되지 않는 의젓한 너

쇠약해져 썩어갈지라도
세월의 무게를 등지고
삶을 살아야만 했던 나날들

뿌리 깊이 파고들어
마음을 달래던 세월
희망으로 너에게 기대련다.

소망

꽃은 흔들거리면서 다시 피어나는 것
쓰러져도 다시 일어나는 것

두려워하지 않는 것
희망을 가지고 씨앗을 품어내는 것

어느 날

푸르른 하늘 아래
태양처럼 눈 부신 어느 날
그대의 온기가 스며든다

아름다운 음악 선율과
잔잔한 은빛 물결 위에서
탱고 춤을 추고 싶어라.

어느 여름날

지쳐가고 지겨워지며
매일 똑같은 일상이 반복으로
웃음없이 세상은 온통 회색빛 같아
더 이상 행복을 찾아낼 수가 없고

떠오른 선명한 기억 속에
잊을 수 없는 여름날의 추억들
틀에 갇힌 우리의 답답한 삶들을
벗어나려 탈출구를 찾는다.

열매 맺으며 사는 삶

세월이 흘러갈수록 하나둘씩
변하고 있다
추구하는 견해와 관점 다름을

많은 것을 경험해 경륜이 돼
인생 살면서 성숙해 가는 것이라는
현실적인 부분 모두가
삶에 현재 진행형이 변화이다

자신이 변화되지 않고는
같은 문제 반복해서 불청객
되어 인생에 개입되는데

인생은 경주하듯이 쉬지 않고
마라톤하는 것같이 한다

선의에 경주하는 것을
승리한다면
열매는 남기를 원한다.

올바른 동행은 무엇일까

해 맑은 웃음이 마음을 밝게 해주고
나의 모습이 아름답고 향기로운 사람으로
환하게 비춰주었으면 좋겠다

늦은 밤 홀로 걸어가는
외로운 누군가와 걸어주며 동행해 준다면
그에게 선한 기쁨이 될 수 있을까?

용기

인생이 뭐 별거야
사는 게 다 그런 거지

괜찮아 지금처럼만
열심히 하면 되겠지

우리의 시절

우리의 시절 품었던
온도를 느끼며
눈을 감아도

비좁은 마음 지나쳐
마주한 사랑이
나의 삶을 찬란하게 해주고

비 내린 창문
작게 그려본 나의 무지개는
너무나 소중했습니다.

5

이제 꽃 피려 한다

세상을 일찍 엿보던 꽃씨 하나가
이제 막 꽃을 피려 한다

파릇한 잎새와 짓 눌린 눈보라 속에
이제 그 시간에 의미를 깨달음

지난날이 고운 꽃씨가
자신을 발견하며 이제 꽃피려 한다

잠이 오지 않는 밤

별빛 찬란하게 비춰준
행복했던 시간이
유난히도 그립다

잊으려 애를 써봐도
좋은 날들이 없어져 버린
지난날 추억들

그립다
그댈 지우지 못해
가슴이 자꾸만 여민다

그대 잊으려 하면
괜스레 눈물이 뚝뚝
아픈 사랑으로 가득하다

눈을 뜨고 다시 감아도
그댈 지우지 못해서
가슴이 자꾸만 더 아려온다.

조선의 등불 감탄사

조선의 등불이 되어준 아름다운 한 여인
그녀를 통해 암울했던 시대의 민족은
그대들이 가슴으로 기억하던 순간

어두운 현실의 절박함 속에서도
많은 소녀에게 꽃처럼 순결했던 그녀
내 마음의 등불로 환하게 비추어준다.

지금도 잘하고 있어요

때론 일이 잘 안 풀려서
속상할 때가 있지요

그래도 괜찮아요
지금까지 충분히 잘해왔잖아요

여태까지 잘해왔고
지금도 잘하고 있어요.

지난날 문득

희미해진 새벽에 홀로 앉아서
밝게 빛나는 하늘을 바라본다

멈춰 서 버린 내 발걸음은
너무도 많은 걸 놓쳐 버렸다

뒤로 걷다 보면
상처 주지 않을 수 있을까

나는 그날 그곳에
그 자리에 서 있었을까

그 시절 그곳에
그 사람들과 함께 돌아갈 수 있을까

문득 깊은 생각들이
오랜 기억 속에 멈춰져 버린 오늘

찬란했던 우리의 아름다운 시간

나무 아래에서 서로를 마주했었다
짧은 시간이었지만 우리에겐
깊은 여운이 남았다

어두운 하늘 위에 서로를 그리고
밤하늘의 저 별처럼 서로를 환하게
비춰주며 행복을 빌어주었다

텅 빈 가슴이 그댈 통하여
아련한 추억 속에 우리는 서로가
촉촉이 물들어져 갔다

함께했던 순간순간이
따스하고 포근한 마음속에
소중하고 아름다운 시간이었음을.

추억 속에

맑은 하늘이
그대를 닮았고

소리 없는 나는
하늘을 닮았네!

추억 속에 너의 자리

겨울이 머물다 간 자리
나는 추억에 살고 있어
텅 빈 오늘

햇살 가득 꽃은 피어 있어도
내 마음은 쓸쓸한 가을이다

추억은 살아있지만
너는 내 곁에 없네

지난가을로
다시 돌아갈 수는 없을까
가버린 네가 그립도록 보고파라.

추억 속에 소망

갇혔던 타이머 시간이
하나둘 켜진 불빛에

빗살무늬 조각이 되어
날 선명하게 비추고

예쁜 손으로 날 감싸니
굳은 얼굴이 미소를 짓네.

추억의 피자

비가 내리면 습관처럼 떠오른
추억의 이태원이 자리 잡고 있다

어릴 적 친구와 맛보았던 피자
가슴속 깊은 곳에서 늘 꿈틀댄다

지난날 잊을 수 없는 기억 속
친구들 이름을 불러본다

지구 한 조각 끝을 잘라내면
반짝이던 별빛들이 녹초가 된다

갇힌 원판 위에 새싹이 자라나서
그는 빛깔로 한없는 여운이 된다

우리는 둥근 하나가 되어
마음 한편에 끝없는 사랑이 되겠지!

태양

고단한 삶을 살아온 그대여
따스한 해가 저물어 가는 노을을 바라보며

파도 앞에서 속이 훤히 트이는 가슴속
찬란한 태양을 품고 노을 춤추는 바다를 보며

무거운 발걸음 딛고 일어나
찬란히 빛나는 지평선 위에

내 작은 마음 하나 안고
붉은 얼굴로 웃어본다

출렁이는 빛이 보일 때까지
그 빛을 향해

아직 가야 할 목적이 다르더라도
열기와 빛을 따라 거닌다.

추운 겨울 하얀 눈이 내리면

추운 겨울 하얀 눈이 내려올 때는
그리움에 젖습니다
나의 손을 꼭 잡아주시며 잘해왔다고

내가 넘어지면
나를 일으켜 세워주신
시간이 있었기에

힘겨운 시간을
이렇게 버텨왔습니다

당신 마음 나보다 더 크시겠지만
이제는 내가 채워드리고 싶습니다

나의 어린 나날에 변함없이
나를 지켜주시던 고마운 분

나도 내가 싫어질 때면
나를 꼭 안아 주시던
당신의 따스한 손길입니다

당신의 힘듦 나보다 더 깊어도
이제 내가 보듬어 드리고 싶습니다

부모님!
사랑합니다.

하늘을 보며

힘들면 나에게 기대
하늘을 보며 여유를 만끽하렴

저 아름다운 하늘 속의
주인공은 너란걸

하늘은
너의 모든 걸 해결해 줄 거야

푸르른 하늘
너에게도 눈부신 오늘이 있고

높고 넓은 하늘 아래에
너와 내가 있어

한 마음을 담아 바람으로

차가운 이 고독
바람에 날려 보내면

바람은 엿보고 있을까
이 고통과 괴로움을

핫초코

쌀쌀한 바람 좀 쐬볼까
오랜만에 집 근처 카페에서
따뜻한 커피 맛에 취한다

자주 마시던 핫초코
오랜만에 내 입술에 닿는
따뜻한 촉감이 사랑스럽다

그 추억들은 내 맘에
행복한 기억으로 자리하고
따뜻한 눈빛 속에서 멀어지네.

행복한 하루

너에게 행복한 하루란
평범한 하루의 일상

가장 복스러운 얼굴
내 얼굴만큼이나 행복한

너의 하루도
평범한 하루가 되어

세상 아름다운 꿈
항상 미소 짓고 살아야지

행운의 클로버를 모두에게

숲속에서 주웠던 네잎클로버
날이 밝으면 모두에게
행운의 클로버를 선물로 전하고 싶다

행운을 가져다줄 네잎클로버
행복과 축복이 가득하길
기원하며 전하는 희망의 메시지

희망 꿈

꿈을 펼쳐라
꿈이 있으니
삶과 희망에
날개를 자신 있게 펴자

꿈을 잡아라
그리하면
계획이 설계되고
인생의 중심이 있으려니

희망 꿈은
세상을 힘차게 나갈 수 있고
삶을 개척해 나가는
강한 에너지 된다

꿈이 있기에
미래가 있고
꿈이 있기에
오늘에 충실할 수 있다.

힘든 너에게

지금 아주 힘드니
그런 너의 마음
보듬어주고 싶다

지금 매우 아프니
그런 너의 아픔
감싸주고 싶다

지금 아주 슬프니
그런 너의 슬픔
위로해 주고 싶다.

서/평

"내 꿈 글 꽃 피우리"를 읽고 나서

스토리텔링 작가 김상희

   나비와 벌들이 꽃을 찾아 헤매는 것처럼 작가에게 있어서 글은 소중한 시너지가 된다. 작가의 시집 제목에서 보듯 내 꿈" 작가에게는 누구나 자유로운 꿈이 있다. 좀 더 좋은 작품을 세상에 내보이고픈 마음과 세상을 보는 눈빛의 시선들이 주목받고자 하는 작가의 명성이 그 해답일 것이다. 화려한 꽃에서 나는 향기만큼이나 작가는 글 꽃을 피우려 무한 도전을 한다. 작가에게는 돌이 꽃으로 피어나고 흐르는 강물마저도 맑은 물꽃으로 피우고자 노력한다.

   "꿈의 비상"

   이 가슴 속에 꿈
   미지의 세상 향해
   잠든 열정이 깨우리라

새벽이슬 머금은 꽃밭
꽃향기 따라 나비처럼
날개를 활짝 펼치리라

뜬구름 그리는 하늘에
내 삶의 중심 찾아
흩어진 별들을 부르며

희망 씨앗 품은 채
끝없는 지평선 넘어
새 터전 찾아 떠나가리.

- 정예은 시 <꿈의 비상> 전문

밤새 안녕을 묻는 꽃은 캄캄한 밤잠에서 깨어나 세상 어디든 가고 싶어야 깨에 자유를 찾아 날고 싶어 날개를 펼친다. 소리 없이 아주 작은 이슬방울 하나에 기억을 되새기며 초롱초롱 빛나는 눈빛과 맑은 물에서 에너지를 보충하고 높은 하늘을 보며 내면의 생각과 외면의 생각들을 하나로 합쳐 곱고 어여쁜 꽃으로 좋은 글 꽃을 피워낸다. 값진 작품들이 주렁주렁 달린 7월 청포도가 되어서 작품성에 능가하는 씨앗을 맺어 자라나 힘의 원동

력인 발동기가 되어 힘차게 밝은 미래를 향해 기적의 날 팔 소리가 들려온다.

　나무가 잘 자라나기 위해 영양성분이 필요하듯이 작가에게는 글이 밑거름된다. 보이는 것들이 작품성에 도달해야 하기에 피나는 노력이 있어야 하고 이에 독자의 마음을 움직이는 글 향기를 품어내야 함이다. 스스로 도전하는 작가의 세계 누구나 시를 집필 할 수는 있어도 정예은 시인님처럼 세상을 보는 미의 창조적인 예능이 있어야 가능하다.

　"그리운 별"

　밤하늘의 별만
　바라다보던 때가 있었다

　그러던 어느 날
　나에게 고운 빛으로

　어둠을 비춰줄
　그대와 손을 잡았다

내 인생도
무지갯빛으로 물든다.

　제아무리 복잡하게 얽히고 있어도 차분한 성격의 소유자가 되기란 쉽지 않다. 누구나 고독해하고 슬퍼 울기도 한다. 그럴 때마다' 사람들은 낯설지 않은 밤하늘에 떠 있는 별빛을 보곤 한다. 마치! 별과 대화를 하듯이 눈을 마주치며 별과 친구가 된 마음으로 답답한 속내 움을 털어놓기도 한다. 별은 말없이 빙그레 웃으며 작가의 손을 꼭 잡아주곤 무지갯빛으로 보답한다. 과거와 현실과 미래에 없어서는 안 될 언어가 눈으로 말을 건네고 소통을 이어가는 세상이다. 정예은 시인님의 제2 시집 "내 꿈 글 꽃 피우리" 시집을 읽는 순간 희망 메시지와 함께 빼곡히 토해낸 대단한 작품이다.